Impressum
Verlag: BABADADA GmbH, Nedderfeld 112 , 22529 Hamburg
Geschäftsführer / Verlagsleitung: Harald Hof
Druck: Books on Demand GmbH, In de Tarpen 42, 22848 Norderstedt

Imprint
Publisher: BABADADA GmbH, Nedderfeld 112 , 22529 Hamburg, Germany
Managing Director / Publishing direction: Harald Hof
Print: Books on Demand GmbH, In de Tarpen 42, 22848 Norderstedt

école
d Schuel

salle de classe
s Klassezimmer

diviser
dividiere

186/2

tableau noir
d Taflä

cour (de récréation)
dr Pauseplatz

professeur
dr Lehrer

papier
s Papier

écrire
schribe

stylo
dr Stift

bureau
dr Schribtisch

règle
s Lineal

livre
s Buech

élève
d Schüeler

cartable
·····················
dr Thek

trousse
·····················
s Etui

crayon
·····················
dr Bleistift

taille-crayon
·····················
dr Spitzer

gomme
·····················
s Radiergummi

carnet à dessin
·····················
dr Zeicheblock

dessin

d Zeichnig

pinceau

dr Pinsel

boîte de peinture

dr Malchaschte

ciseaux

d Schär

colle

dr Liim

cahier d'exercices

s Üebigsheft

devoirs

d Huusufgabe

chiffre

d Zahl

additionner

addiere

soustraire

subtrahiere

multiplier

multipliziere

calculer

rächne

lettre

dr Buechstabe

alphabet

s Alphabet

mot

s Wort

texte
dr Text

lire
läse

craie
d Kriide

leçon
d Lektion

livre de classe
s Klassäbuech

examen
d Prüefig

certificat
s Zügnis

uniforme scolaire
d Schueluniform

formation
d Usbildig

lexique
d Enzyklopädie

université
d Universität

microscope
s Mikroskop

carte
d Charte

corbeille à papier
dr Papierchorb

hôtel
s Hotel

auberge
d Härbärg

ROOMS

bureau de change
d Wächselstube

ECHANGE

valise
dr Koffer

voiture
s Auto

langue

d Sprach

oui / non

jo / nei

d'accord

okay

Salut

Hallo

interprète

dr Dolmetscher

merci

Dankä

Combien coûte...?

Was chostet...?

Je ne comprends pas

Ich vrstahs nöd

problème

s Problem

Bonsoir !

Guete Abig!

Bonjour !

guete Morgä!

Bonne nuit !

guete Abig!

Au revoir

Uf Wiederseh

direction

d Richtig

bagages

s Bagaasch

sac

d Täsche

sac-à-dos

dr Rucksack

hôte

dr Gast

pièce

dr Ruum

sac de couchage

dr Schlafsack

tente

s Zält

office de tourisme

d Touristeninformation

plage

dr Strand

carte de crédit

d Kreditkarte

petit-déjeuner

s Zmorge

déjeuner

s Zmittag

dîner

s Znacht

billet

s Billet

ascenseur

dr Ufzug

timbre

d Briefmarke

frontière

d Gränze

douane

dr Zoll

ambassade

d Botschaft

visa

s Visum

passeport

dr Pass

voyage - d Reis

transport
dr Transport

avion
s Flugzüg

navire
s Schiff

véhicule de pompiers
s Füürwehr

bus
dr Bus

camion
dr Lastwage

bateau à moteur
s Motorboot

bicyclette
s Velo

voiture
s Auto

ferry

d Fähri

barque

s Boot

moto

s Töff

voiture de police

s Polizeiauto

voiture de course

s Rännauto

voiture de location

dr Mietwage

auto-partage

s Carsharing

voiture de remorquage

dr Abschleppwage

benne à ordures

dr Chübelwage

moteur

dr Motor

essence

s Benzin

station d'essence

d Tankstell

panneau indicateur

s Verkehrsschild

trafic

dr Verchehr

embouteillage

dr Stau

parking

dr Parkplatz

gare

dr Bahnhof

rails

d Schiene

train

dr Zug

tramway

d Strassebahn

wagon

dr Wagon

hélicoptère

dr Helikopter

aéroport

dr Flughafe

tour

dr Tower

passager

dr Passagier

conteneur

dr Container

carton

dr Karton

chariot

dr Chare

corbeille

dr Korb

décoller / atterrir

starte / lande

ville

d Stadt

village

s Dorf

centre-ville

s Stadtzentrum

maison

s Huus

cinéma
s Kino

publicité
d Werbig

réverbère
d Latärne

rue
d Strass

taxi
s Taxi

CINEMA

piéton
dr Fuessgänger

kiosque
dr Kiosk

trottoir
s Trottoir

passage piéton
dr Zebrastreife

poubelle
dr Chübel

carrefour
d Chrüzig

feux de circulation
d Amplä

cabane
d Hütte

appartement
d Wohnig

gare
dr Bahnhof

mairie
s Gmeindshuus

musée
s Museum

école
d Schuel

ville - d Stadt

université
d Universität

banque
d Bank

hôpital
s Spital

hôtel
s Hotel

pharmacie
d Apotheke

bureau
s Büro

librairie
s Buechgschäft

magasin
s Gschäft

fleuriste
dr Bluemelade

supermarché
dr Läbensmittellade

marché
dr Märt

grand magasin
s Chaufhuus

poissonnerie
dr Fischhändler

centre commercial
s Iihkaufszentrum

port
dr Hafe

parc
dr Park

banque
d Bank

pont
d Brugg

escaliers
d Stäge

métro
d U-Bahn

tunnel
dr Tunnell

arrêt de bus
d Bushaltestell

bar
d Bar

restaurant
s Restaurant

boîte à lettres
dr Briefchastä

panneau indicateur
s Strasseschild

parcmètre
d Parkuhr

zoo
dr Zolli

piscine
d Badi

mosquée
d Moschee

ferme

dr Buurehof

pollution

d Umwältvrschmutzig

cimetière

dr Fridhof

église

d Chile

aire de jeux

dr Spielplatz

temple

dr Tämpel

paysage
d Landschaft

![Landschaft scene]

feuille
s Blatt

panneau indicateur
dr Wägwiiser

chemin
dr Wäg

pré
d Wise

pierre
dr Stei

randonneur
dr Wanderer

arbre
dr Baum

rivière
dr Fluss

herbe
s Gras

fleur
d Bluamä

vallée

s Tal

montagne

dr Bärg

lac

dr See

forêt

dr Wald

désert

d Wüeschti

volcan

dr Vulkan

château

s Schloss

arc-en-ciel

dr Rägeboge

champignon

dr Pilz

palmier

d Palme

moustique

dr Moskito

mouche

d Fliege

fourmis

d Ameise

abeille

s Biendli

araignée

d Spinne

coléoptère

dr Chäfer

grenouille

dr Frosch

écureuil

s Eichhörnli

hérisson

dr Igel

lièvre

dr Haas

chouette

d Üle

oiseau

d Vogu

cygne

dr Schwan

sanglier

s Wildschwein

cerf

dr Hirsch

élan

dr Elch

barrage

dr Damm

éolienne

d Windturbine

panneau solaire

dr Sunnekollektor

climat

s Klima

serveur
dr Chällner

menu
d Spiischartä

chaise
dr Stuehl

soupe
d Suppä

pizza
d Pizza

couverts
s Bsteck

nappe
d Tischdecki

hors d'œuvre

d Vorspiies

plat principal

s Hauptgricht

dessert

s Dessert

boissons

s Getränk

alimentation

d Läbensmittel

bouteille

d Fläsche

fast-food

s Fast Food

plats à emporter

s Street Food

théière

d Teechanne

sucrier

d Zuckerdosä

portion

d Portion

machine à expresso

d Espressomaschine

chaise haute

dr Hochstuehl

facture

d Rächnig

plateau

s Tablett

couteau

s Mässer

fourchette

d Gable

cuillère

dr Löffel

cuillère à thé

dr Teelöffel

serviette

d Serviette

verre

s Glas

assiette

dr Täller

assiette à soupe

dr Suppetällär

soucoupe

d Untertasse

sauce

d Sose

salière

dr Salzstreuer

moulin à poivre

d Pfäffermühli

vinaigre

dr Essig

huile

s Öl

épices

d Gwürz

ketchup

ds Ketchup

moutarde

dr Sänf

mayonnaise

d Mayonnaise

dr Läbensmittellade

offre promotionnelle
s Ahgebot

client
dr Chund

produits laitiers
d Milchprodukt

fruits
d Frücht

chariot
dr Iichaufswage

FOR

boucherie
....
dr Schlachter

boulangerie
....
dr Beck

peser
....
wiege

légumes
....
s Gmües

viande
....
s Fleisch

aliments surgelés
....
d Tiefkühlprodukt

charcuterie

dr Ufschnitt

conserves

d Konsärve

poudre à lessive

s Wöschmittel

bonbons

d Süessigkeite

articles ménagers

d Huushaltartikel

détergents

s Putzmittel

vendeuse

d Verchäuferin

caisse

d Kassä

caissier

dr Kassierer

liste d'achats

d Ihchaufsliste

heures d'ouverture

d Öffnigszite

portefeuille

s Portemonnaie

carte de crédit

d Kreditkarte

sac

d Täsche

sac en plastique

dr Plastiksack

eau

s Wasser

jus de fruit

dr Saft

lait

d Milch

coca

d Cola

vin

dr Wii

bière

s Bier

alcool

dr Alkohol

chocolat chaud

s Ovi

thé

dr Tee

café

dr Kafi

expresso

dr Espresso

cappuccino

dr Cappuccino

banane

d Banane

pomme

dr Öpfel

orange

d Orange

melon

d Melone

citron

d Zitrone

carotte

s Rüebli

ail

dr chnoobli

bambou

dr Bambus

oignon

d Zwiblä

champignon

dr Pilz

noisettes

d Nüss

pâtes

d Nudle

spaghetti

d Spaghetti

riz

dr Riis

salade

dr Salat

pommes frites

d Pommfrit

pommes de terre rôties

d Bratherdöpfel

pizza

d Pizza

hamburger

dr Hamburgär

sandwich

s Sandwich

escalope

s Gotlett

jambon

dr Schinkä

salami

d Salami

saucisse

s Würschtli

poulet

s Huehn

rôti

dr Bratä

poisson

dr Fisch

alimentation - d Läbensmittel

flocons d'avoine

d Haferflocke

muesli

s Müesli

cornflakes

d Cornflakes

farine

s Mähl

croissant

s Gipfeli

petits-pains

s Brötli

pain

s Brot

pain grillé

dr Toscht

biscuits

s Guetzli

beurre

d Butter

le fromage blanc

dr Quark

gâteau

dr Chueche

œuf

s Ei

œuf au plat

s Spiegelei

fromage

dr Chäs

glace

d Glace

sucre

dr Zucker

miel

dr Honig

confiture

d Gonfi

crème nougat

d Nougat-Creme

curry

s Curry

ferme
s Buurehuus

botte de paille
dr Strohballä

grange
d Schüür

champ
s Fäld

cheval
s Pferd

remorque
dr Ahänger

poulain
s Fohle

tracteur
dr Traktor

âne
dr Esel

mouton
s Schaaf

agneau
s Lamm

chèvre
d Geiss

vache
d Chueh

veau
s Chalb

porc
d Sau

porcelet
s Ferkel

taureau
s Rind

oie

d Gans

canard

d Änte

poussin

s Küke

poule

s Huähn

coq

dr Güggel

rat

d Ratte

chat

d Chatz

souris

d Muus

bœuf

dr Ochse

chien

dr Hund

chenil

d Hundehütte

tuyau de jardin

dr Garteschluuch

arrosoir

d Giesschanne

faucheuse

d Sägese

charrue

dr Pflueg

faucille
d Sichel

pioche
d Hacke

fourche
d Heugable

hache
d Axt

brouette
d Garette

cuve
dr Trog

pot à lait
d Milchchanne

sac
dr Sack

clôture
dr Haag

étable
dr Gadä

serre
s Gwächshuus

sol
dr Bode

semences
dr Soome

engrais
dr Dünger

moissonneuse-batteuse
dr Mähdrescher

récolter
ärnte

récolte
d Ärnte

igname
d Yamswurzle

blé
dr Weize

soja
s Soja

pomme de terre
dr Härdöpfel

maïs
dr Mais

colza
dr Raps

arbre fruitier
dr Obstbaum

manioc
dr Maniok

céréales
s Getreide

cheminée
s Chämi

toit
s Dach

gouttière
d Rägerinne

fenêtre
s Fänschter

garage
d Garage

sonnette
d Lüüti

porte
d Tür

poubelle
d Mülltonne

boîte aux lettres
dr Briefchaschte

jardin
dr Gartä

salon
s Stubä

salle de bain
s Badzimmer

cuisine
d Chuchi

chambre à coucher
s Schlofzimmer

chambre d'enfant
s Chinderzimmer

salle à manger
s Ässzimmer

sol

dr Bodä

mur

d Wand

plafond

d Decki

cave

dr Chäller

sauna

d Sauna

balcon

dr Balkon

terrasse

d Terasse

piscine

s Pool

tondeuse à gazon

dr Rasemäier

housse

dr Bettbezug

couette

d Bettdecki

lit

s Bett

balai

dr Bäse

sceau

dr Chübel

interrupteur

dr Schalter

papier peint
d Tapete

lampe
d Lampä

image
s Bild

étagère
s Regal

armoire
dr Schrank

cheminée
dr Kamin

télé
dr Färnseh

fleur
d Bluamä

coussin
s Chüssi

sofa
s Sofa

vase
d Vasä

télécommande
d Färnbedienig

tapis
dr Teppich

rideau
dr Vorhang

table
dr Tisch

chaise
dr Stuehl

chaise à bascule
dr Schaukelstuehl

fauteuil
dr Sässel

livre

s Buech

couverture

d Decki

décoration

d Dekoration

bois de chauffage

s Füürholz

film

dr Film

chaîne hi-fi

d Stereoahlag

clé

dr Schlüssel

journal

d Ziitig

peinture

s Bild

poster

s Poster

radio

s Radio

bloc-notes

dr Notizblock

aspirateur

dr Staubsuuger

cactus

dr Kaktus

bougie

d Chärze

salon - s Stubä

réfrigérateur
dr Chüelschrank

four à micro-ondes
d Mikrowällä

balance de cuisine
d Chuchiwaag

grille-pain
dr Toaster

détergent
s Wöschmittel

four
dr Ofä

compartiment congélateur
s Gfrierfach

poubelle
d Mülltonne

lave-vaisselle
dr Gschirrspüeler

four
dr Härd

casserole
dr Topf

marmite
dr lisetopf

wok / kadai
dr Wok / Kadai

poêle
d Pfanne

bouilloire electrique
dr Wasserchocher

cuiseur vapeur

dr Dampfer

plaque de cuisson

s Bachbläch

vaisselle

s Gschirr

gobelet

dr Bächer

coupe

d Schale

baguettes

d Stäbli

louche

d Suppechellä

spatule

dr Pfannewänder

fouet

dr Schneebäse

passoire

s Sieb

tamis

s Sieb

râpe

d Raffle

mortier

dr Mörser

barbecue

dr Grill

cheminée

d Füürstell

planche à découper
....
s Schniidbrätt

rouleau à pâtisserie
....
s Nudelholz

tire-bouchon
....
dr Korkäzieher

boîte
....
d Dosä

ouvre-boîte
....
dr Dosäöffner

maniques
....
dr Topflappä

lavabo
....
s Wöschbecki

brosse
....
d Bürste

éponge
....
dr Schwumm

mixeur
....
dr Mixer

congélateur
....
dr Gfrierschrank

biberon
....
s Babyfläschli

robinet
....
dr Hahnä

chauffage
d Heizig

douche
d Duschi

serviette
s Handtuech

rideau de douche
dr Duschvorhang

bain moussant
s Schumbad

baignoire
d Badwanne

verre
s Glas

machine à laver
d Wöschmaschine

robinet
dr Hahnä

carrelage
d Fliesä

pot
s Töpfli

lavabo
s Wöschbecki

toilettes

d Toilette

toilette à la turque

s Plumpsklo

bidet

s Bidet

urinoir

s Pissoir

papier toilette

ds Toilettepapier

brosse à toilette

d Toilettebürschteli

brosse à dents

d Zahbürstä

dentifrice

d Zahpasta

fil dentaire

d Zahnsiide

laver

wäsche

douche manuelle

d Handduschi

douche intime

d Intiimduschi

vasque

s Wöschbecki

brosse dorsale

d Ruggäbürste

savon

d Seifä

gel douche

s Duschgel

shampooing

s Shampoo

gant de toilette

dr Waschlappä

écoulement

dr Abfluss

crème

d Creme

déodorant

s Deo

miroir
dr Spiegel

miroir cosmétique
dr Handspiegel

rasoir
dr Rasierer

mousse à raser
dr Rasierschuum

après-rasage
s Aftershave

peigne
dr Schträäl

brosse
d Bürstä

sèche-cheveux
dr Föhn

laque pour cheveux
s Hoorspray

fond de teint
s Makeup

rouge à lèvres
dr Lippestift

vernis à ongles
dr Nagellack

ouate
d Wattä

coupe-ongles
d Nagelscher

parfum
s Parfum

trousse de toilette

s Necessaire

tabouret

dr Schemel

pèse-personne

d Waag

peignoir

dr Badmantel

gants de nettoyage

dr Gummihändscheh

tampon

s Tampon

serviettes hygiéniques

d Damebinde

toilette chimique

d chemischi Toilette

réveil
dr Wecker

doudou
s Kuscheltier

voiture jouet
s Spielzügauto

hochet
d Rassle

maison de poupée
s Puppehuus

cadeau
s Gschänk

ballon
dr Ballon

lit
s Bett

poussette
dr Chinderwage

jeu de cartes
s Chartespiel

puzzle
s Puzzle

bande dessinée
dr Comic

pièces lego

d Legos

blocs de construction

d Baustei

figurine

d Action Figur

grenouillère

s Strampli

frisbee

s Frisbee

mobile

s Mobile

jeu de société

s Brättspiel

dé

dr Würfäl

train miniature

d Modellisebahn

sucette

dr Nuggi

fête

d Party

livre d'images

s Bilderbuch

balle

dr Ball

poupée

d Puppä

jouer

spiele

chambre d'enfant - s Chinderzimmer

bac à sable
....
dr Sandchaschte

balançoire
....
d Gigampfi

jouets
....
s Spielzüg

console de jeu
....
d Videospielkonsole

tricycle
....
s Dreirad

ours en peluche
....
dr Teddy

armoire
....
dr Chleiderschrank

vêtements

d Chleidig

chaussettes
....
d Sockä

bas
....
d Strümpf

collant
....
d Strumpfhosä

écharpe
dr Schal

ceinture
dr Gürtel

parapluie
dr Rägeschirm

t-shirt
s T-Shirt

baskets
d Turnschueh

bottes
dr Stiefel

pantoufles
d Badschlappe

sandales
....
d Sandalä

chaussures
....
d Schueh

bottes de caoutchouc
....
d Gummistiefel

sous-vêtements
....
d Untrhosä

soutien-gorge
....
dr BH

maillot de corps
....
s Underlibli

body
....
dr Body

pantalon
....
d Hosä

jean
....
d Jeans

jupe
....
dr Rock

chemisier
....
d Bluse

chemise
....
s Hömli

pull
....
dr Pulli

sweat à capuche
....
dr Kapuzepulli

veste
....
dr Blazer

veste
....
d Jacke

manteau
....
dr Mantel

imperméable
....
dr Rägämantel

costume
....
s Chostüm

robe
....
s Chleid

robe de mariée
....
s Hochziitskleid

costume

dr Ahzug

chemise de nuit

s Nachthömli

pyjama

s Pyjama

sari

dr Sari

foulard

s Chopftuäch

turban

dr Turban

burqa

d Burka

caftan

dr Kaftan

abaya

d Abaya

maillot de bain

s Badchleid

maillot de bain

d Badhose

short

d churzi Hosä

tenue d'entraînement

dr Trainer

tablier

d Schürze

gants

d Händsche

bouton

dr Chnopf

lunettes

d Brüllä

bracelet

s Armband

collier

d Chetti

bague

dr Ring

boucle d'oreille

dr Ohrering

bonnet

d Chappe

cintre

dr Chleiderbügel

chapeau

dr Huet

cravate

d Grawattä

fermeture éclair

dr Riissverschluss

casque

dr Helm

bretelles

dr Hosäträger

uniforme scolaire

d Schueluniform

uniforme

d Uniform

bavoir

s Lätzli

sucette

dr Nuggi

lange

d Windle

bureau
s Büro

serveur
dr Server

armoire d'archivage
dr Akteschrank

imprimante
dr Drucker

écran
dr Monitor

papier
s Papier

souris
d Muus

bureau
dr Schribtisch

classeur
dr Ordner

clavier
d Taschtatur

corbeille à papier
dr Papierchorb

ordinateur
dr Computer

chaise
dr Stuehl

tasse de café

dr Kafibächer

calculatrice

dr Tascherächner

internet

s Internet

ordinateur portable

dr Laptop

lettre

dr Brief

message

d Nochricht

portable

s Mobiltelefon

réseau

s Netzwärk

photocopieuse

dr Kopierer

logiciel

d Software

téléphone

s Telefon

prise

d Steckdosä

fax

s Fax

formulaire

s Formular

document

s Dokumänt

acheter

chaufe

payer

zahle

faire du commerce

handle

monnaie

s Gäld

dollar

dr Dollar

euro

dr Euro

yen

dr Yen

rouble

dr Rubel

franc suisse

dr Frankä

renminbi yuan

dr Renminbi Yuan

roupie

d Rupie

distributeur automatique

dr Gäldautomat

bureau de change

d Wächselstube

or

s Gold

argent

s Silber

pétrole

s Öl

énergie

d Energie

prix

dr Preis

contrat

dr Vertrag

taxe

d Stüür

action

d Aktie

travailler

schaffe

employé

dr Mitarbeiter

employeur

dr Arbeitgeber

usine

d Fabrik

magasin

s Gschäft

économie - d Wirtschaft

agent de police
dr Polizischt

pompier
dr Füürwehrmaa

cuisinier
dr Choch

médecin
dr Arzt

pilote
dr Pilot

jardinier
dr Gärtner

menuisier
dr Zimmermah

couturière
d Näheri

juge
dr Richter

chimiste
dr Chemiker

acteur
dr Darsteller

conducteur de bus

dr Busfahrer

chauffeur de taxi

dr Taxifahrer

pêcheur

dr Fischer

femme de ménage

d Putzfrau

couvreur

dr Dachdecker

serveur

dr Chällner

chasseur

dr Jäger

peintre

dr Moler

boulanger

dr Bäcker

électricien

dr Elektriker

ouvrier

dr Bauarbeiter

ingénieur

dr Ingenieur

boucher

dr Schlachter

plombier

dr Klämpner

facteur

dr Pöschtler

soldat

dr Soldat

architecte

dr Architekt

caissier

dr Kassierer

fleuriste

dr Florischt

coiffeur

dr Frisör

contrôleur

dr Kontrolleur

mécanicien

dr Mechaniker

capitaine

dr Kapitän

dentiste

dr Zahnarzt

scientifique

dr Wüsseschaftler

rabbin

dr Rabbi

imam

dr Imam

moine

dr Mönch

prêtre

dr Pfarrer

marteau
dr Hammer

pinces
d Zangä

tournevis
dr Schruubedreier

clé
dr Schrubeschlüssel

torche
d Taschelampä

pelleteuse

dr Bagger

boîte à outils

dr Werkzüügchaschte

échelle

d Leitere

scie

d Sagi

clous

d Negel

perceuse

dr Bohrer

réparer

flicke

pelle

d Schufle

Mince !

Mischt!

pelle

d Ascheschufle

pot de peinture

dr Farbchübel

vis

d Schruube

instruments de musique
d Musiginstrumänt

batterie
s Schlagzüüg

haut-parleurs
dr Luutsprächer

guitare
d Gitarre

contrebasse
dr Kontrabass

trompette
d Trompetä

piano

s Klavier

violon

d Violine

basse

dr Bass

timbales

d Pauke

tambour

d Trummle

piano électrique

s Keyboard

saxophone

s Saxophon

flûte

d Flöte

microphone

s Mikrofon

tigre
dr Tiger

entrée
dr Igang

cage
dr Chäfig

zèbre
s Zebra

alimentation animale
s Tierfueter

panda
dr Pandabär

animaux

d Tier

éléphant

dr Elefant

kangourou

s Känguru

rhinocéros

s Nashorn

gorille

dr Gorilla

ours

dr Bär

chameau

s Kamel

autruche

dr Struss

lion

dr Leu

singe

dr Aff

flamand rose

dr Flamingo

perroquet

dr Papagei

ours polaire

dr Iisbär

pingouin

dr Pinguin

requin

dr Hai

paon

dr Pfau

serpent

d Schlangä

crocodile

s Krokodil

gardien de zoo

dr Zoowärter

phoque

d Robbä

jaguar

dr Jaguar

poney
----
s Pony

léopard
----
dr Leopard

hippopotame
----
s Nilpfärd

girafe
----
d Giraff

aigle
----
dr Adler

sanglier
----
s Wildschwein

poisson
----
dr Fisch

tortue
----
d Schildkrot

morse
----
s Walross

renard
----
dr Fuchs

gazelle
----
d Gazelle

american Football
s American Football

cyclisme
s Velofahre

tennis
s Tennis

basket-ball
dr Basketball

natation
s Schwümmä

boxe
s Boxä

hockey sur glace
s Iishockey

football
....
dr Fuessball

badminton
....
s Badminton

athlétisme
....
d Liechtathletik

handball
....
dr Handball

ski
....
s Skifahre

polo
....
s Polo

rire
lachä

sauter
springä

embrasser
umarme

marcher
gah

chanter
singe

rêver
troime

prier
bätte

faire la bise
küssä

écrire

schribe

dessiner

zeichne

montrer

zeige

pousser

schiebe

donner

gäh

prendre

näh

avoir
händ

faire
mache

être
sy

être debout
stah

courir
laufe

trier
zieh

jeter
rüerä

tomber
fallä

être couché
ligge

attendre
warte

porter
träge

être assis
sitze

s'habiller
ahzieh

dormir
schlafe

se réveiller
ufwache

regarder
ahluege

pleurer
brüele

caresser
striichle

peigner
bürste

parler
redä

comprendre
verschtah

demander
froog

écouter
lose

boire
trinke

manger
ässe

ranger
ufruume

aimer
liebe

cuire
chochä

conduire
fahre

voler
flüge

faire de la voile
segle

calculer
rächne

lire
läse

apprendre
leerä

travailler
schaffe

se marier
hürate

coudre
näije

brosser les dents
Zäh putze

tuer
töte

fumer
schlootä

envoyer
sände

and-mère
Grossmuetter

grand-père
dr Grossvater

père
dr Vatter

mère
d Muetter

bébé
s Baby

fille
d Tochter

fils
dr Sohn

hôte

dr Gast

tante

d Tante

oncle

dr Unkel

frère

dr Brüeder

sœur

d Schwöschter

front
d Stirn

œil
ds Aug

épaule
d Schultere

doigt
dr Fingär

visage
s Gsicht

menton
s Chüni

main
d Hand

poitrine
d Bruscht

jambe
s Bei

bras
dr Arm

bébé
s Baby

homme
dr Mah

femme
d Frau

fille
s Meitli

garçon
dr Bueb

tête
dr Chopf

dos
....
dr Ruggä

ventre
....
dr Buuch

nombril
....
dr Buchnabel

orteil
....
dr Zäche

talon
....
d Fersä

os
....
d Knoche

hanche
....
d Hüfte

genou
....
s Chnü

coude
....
dr Ellbogä

nez
....
d Nase

fesses
....
s Füdli

peau
....
d Hut

joue
....
d Bagge

oreille
....
s Ohr

lèvre
....
d Lippe

corps - dr Körpär

bouche

s Muul

dent

dr Zah

langue

d Zungä

cerveau

s Hirni

cœur

s Härz

muscle

dr Muskel

poumons

d Lungä

foie

d Läberä

estomac

dr Magen

reins

d Nierä

rapport sexuel

dr Gschlächtsvrkehr

préservatif

s Kondom

ovule

d Eizälle

sperme

dr Soome

grossesse

d Schwangerschaft

menstruation

d Menstruation

vagin

d Vagina

pénis

dr Penis

sourcil

d Augebrauä

cheveux

s Haar

cou

dr Hals

hôpital
s Spital

ambulance
dr Chrankewage

fauteuil roulant
dr Rollstuehl

fracture
dr Bruch

médecin

dr Arzt

service des urgences

d Notufnahm

infirmière

d Chrankeschwöschter

urgence

dr Notfall

inconscient

ohnmächtig

douleur

dr Schmärz

blessure

d Verletzig

hémorragie

d Bluätig

crise cardiaque

dr Härzinfarkt

attaque cérébrale

dr Schlagahfall

allergie

d Allergie

toux

dr Hueschtä

fièvre

s Fieber

grippe

d Grippe

diarrhée

dr Durchfall

mal de tête

d Kopfschmärze

cancer

dr Kräbs

diabète

dr Diabetes

chirurgien

dr Chirurg

scalpel

s Skalpell

opération

d Operation

CT

s CT

radiographie

s Röntgä

échographie

s Ultraschall

masque

d Gsichtsmaske

maladie

d Krankhet

salle d'attente

s Wartezimmer

béquille

d Krückä

pansement

s Pflaster

pansement

dr Vrband

injection

d Injektion

stéthoscope

s Stethoskop

brancard

d Trage

thermomètre

s Thermometer

accouchement

d Geburt

surcharge pondérale

s Übergwicht

appareil auditif

s Hörgrät

désinfectant

s Desinfektionsmittel

infection

d Infektion

virus

s Virus

VIH / sida

s HIV / AIDS

médicament

d Medizin

vaccination

d Impfig

comprimés

d Tablette

pilule

d Pille

appel d'urgence

dr Notruef

tensiomètre

s Bluetdruck-Mässgrät

malade / sain

chrank / gsund

Au secours !

Hiufe!

alarme

dr Alarm

assaut

dr Überfall

attaque

dr Ahgriff

danger

d Gfohr

sortie de secours

dr Notuusgang

Au feu!

Füür!

extincteur

dr Füürlöscher

accident

dr Unfall

trousse de premier secours

dr Ersti-Hilf-Koffer

SOS

SOS

police

d Polizei

Europe

s Europa

Amérique du Nord

s Nordamerika

Amérique du Sud

s Südamerika

Afrique

s Afrika

Asie

s Asie

Australie

s Auschtralie

Océan atlantique

dr Atlantik

Océan pacifique

dr Pazifik

Océan indien

dr Indische Ozean

Océan antarctique

dr Antarktische Ozean

Océan arctique

dr Arktische Ozean

pôle nord

dr Nordpol

pôle sud

dr Südpol

Antarctique

d Antarktis

terre

d Ärde

pays

s Land

mer

s Meer

île

d Inslä

nation

d Nation

état

dr Staat

cadran

s Ziffereblatt

aiguille des heures

dr Stundezeiger

aiguille des minutes

dr Minutezeiger

aiguille des secondes

dr Sekundezeiger

Quelle heure est-il ?

Wie spaht isch es?

jour

dr Tag

temps

d Zit

maintenant

jetzt

montre digitale

d Digitaluhr

minute

d Minute

heure

d Stunde

semaine
d Wuche

lundi
dr Mäntig

mercredi
dr Mittwuch

vendredi
dr Friitig

samedi
dr Samschtig

mardi
dr Zischtig

jeudi
dr Dunnstig

dimanche
dr Sunntig

hier

geschter

aujourd'hui

hüt

demain

morn

matin

dr Morgä

midi

dr Mittag

soir

dr Aabig

jours ouvrables

d Wärktag

week-end

s Wuchenänd

pluie
dr Räge

arc-en-ciel
dr Rägeboge

neige
dr Schnee

vent
dr Wind

printemps
dr Früelig

automne
dr Herbscht

été
dr Summer

hiver
dr Winter

4.APRIL	11°	☀
5.APRIL	4°	🌧
6.APRIL	13°	⛈
7.APRIL	8°	☀
8.APRIL	10°	☀

météo
d Wättervorhärsag

thermomètre
s Thermometer

lumière du soleil
dr Sunneschiin

nuage
d Wolkä

brouillard
d Näbel

humidité
d Fiechtigkeit

foudre

dr Blitz

tonnerre

dr Dunner

tempête

dr Sturm

grêle

d Hagel

mousson

dr Monsun

inondation

d Fluet

glace

s lis

janvier

dr Januar

février

dr Februar

mars

dr März

avril

dr April

mai

dr Mai

juin

dr Juni

juillet

dr Juli

août

dr Auguscht

année - s Johr

septembre

dr Septämber

octobre

dr Oktober

novembre

dr Novämber

décembre

dr Dezämber

formes

d Forme

cercle

dr Kreis

carré

s Quadrat

rectangle

s Rächteck

triangle

s Dreieck

sphère

d Chugele

cube

dr Würfel

blanc

wiss

jaune

gäl

orange

orange

rose

pink

rouge

rot

violet

liila

bleu

blau

vert

grüen

marron

bruun

gris

grau

noir

schwarz

beaucoup / peu

viel / wenig

fâché / calme

hässig / ruhig

joli / laid

hübsch / hässlich

début / fin

dr Ahfang / s Ändi

grand / petit

gross / chli

clair / obscure

hell / dunkel

frère / soeur

dr Brüeder / d Schwöschter

propre / sale

suuber / dräckig

complet / incomplet

vollständig / unvollständig

jour / nuit

dr Tag / d Nacht

mort / vivant

tot / läbig

large / étroit

breit / schmal

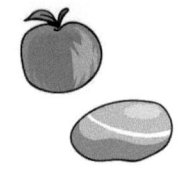

comestible / incomestible

ässbar / nid ässbar

méchant / gentil

bös / fründlich

excité / ennuyé

uffreggt / glangwilt

gros / mince

dick / dünn

premier / dernier

zerscht / zletscht

ami / ennemi

dr Fründ / dr Find

plein / vide

voll / läär

dur / souple

hart / weich

lourd / léger

schwer / liecht

faim / soif

dr Hunger / dr Durscht

malade / sain

chrank / gsund

illégal / légal

illegal / legal

intelligent / stupide

intelligänt / gatz

gauche / droite

links / rächts

proche / loin

nöch / wiit weg

nouveau / usé
....
neu / bruucht

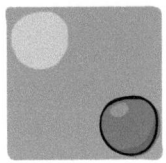

rien / quelque chose
....
nüt / öpis

vieux / jeune
....
alt / jung

marche / arrêt
....
ah / uss

ouvert / fermé
....
offe / zue

faible / fort
....
lislig / luut

riche / pauvre
....
riich / arm

correct / incorrect
....
richtig / falsch

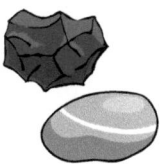

rugueux / lisse
....
rau / glatt

triste / heureux
....
truurig / glücklich

court / long
....
churz / lang

lent / rapide
....
langsam / schnäll

mouillé / sec
....
nass / trochä

chaud / froid
....
warm / chalt

guerre / paix
....
dr Chrieg / dr Friede

oppositions - d Gägeteil

0

zéro

Null

1

un / une

eis

2

deux

zwei

3

trois

drü

4

quatre

vier

5

cinq

foif

6

six

sächs

7

sept

sibe

8

huit

acht

9

neuf

nün

10

dix

zäh

11

onze

elf

12

douze

zwölf

13

treize

drizäh

14

quatorze

vierzäh

15

quinze

füfzäh

16

seize

sächzäh

17

dix-sept

siebzäh

18

dix-huit

achtzäh

19

dix-neuf

nünzäh

20

vingt

zwänzg

100

cent

Hundert

1.000

mille

Tuusig

1.000.000

million

Million

anglais

Änglisch

anglais américain

Amerikanischs Änglisch

chinois mandarin

Chinesisch Mandarin

hindi

Hindi

espagnol

Spanisch

français

Französisch

arabe

Arabisch

russe

Russisch

portugais

Portugiesisch

bengali

Bengalisch

allemand

Dütsch

japonais

Japanisch

je

ich

tu

du

il / elle / ce, c', cela

är / sie / es

nous

mir

vous

ihr

ils / elles

sie

Qui ?

wär?

Quoi ?

was?

Comment ?

wie?

Où ?

wo?

Quand ?

wänn?

nom

Name

derrière

hinder

dans

in

devant

vor

au-dessus

über

sur

uf

en-dessous

under

à côté de

näbe

entre

zwüsche

lieu

dr Ort